# Índice

| | |
|---|---|
| M, P, L, S, T, m, l, p, s, t | Página 4 |
| L, P | Página 5 |
| l, p | Página 6 |
| L, M ,T | Página 7 |
| p, l, m ,t | Página 8 |
| p, l, m, s, t | Página 9 |
| p, l, m, s, t | Página 10 |
| n, r, b, ch, N, B | Página 11 |
| c, d | Página 12 |
| d, f, D, F | Página 13 |
| b, g, que, gui | Página 14 |
| G, GUE, GUI, h, H | Página 15 |
| g, j, b, ll | Página 16 |
| J, g, ch, CH | Página 17 |
| z, que, gui | Página 18 |
| QUE, QUI, v | Página 19 |
| ll, ch | Página 20 |
| Y, k, K | Página 21 |
| w, x | Página 22 |
| Tarjetas recortables | Página 23 |

■ Repasa y copia debajo:

LEO LEO LEA

LIO LUPA PELA

PEPE LEPE PALO

LEO A LOLA Y A PEPE

EL PALO DE PEPE Y LOLA.

## ◼ Repasa y copia debajo:

Lela     Leo     Leia

Lio     Lupa     Pela

Pala     Lapa     Pipi

Pepe     Lepe     Palo

Leo a Lola y a Pepe.

La pala y el palo de Pepe.

4

■ Repasa con cuidado:

LOLA LOMA PALOMA

LAMA LEO MAPA

LIMA LEMA PALMA

POLO LAPA NOTA

TLA TETE PELOTA

LA PALOMA ES DE PEPE.

EL TAPETE NO ME TAPA.

LA LIMA DE TEO.

m l m m l m m l m m l

m m l m m l m m l m m

## ■ Repasa y copia debajo:

Lola toma paloma.

Lima loma tela

Meta tapa tapete

Tila tete pelota

La paloma es de Pepe.

El tapete tapa el mapa.

## Repasa y escribe debajo:

EL SAPO EN EL PALO.

LA SOPA DE PALOMA.

PEPE ES EL SEIS.

EL SOL DA EN LA MESA.

LA SAL SALE SOLA.

LOLA ES LA SIETE.

## ■ Repasa y escribe debajo:

El sapo en el palo y la sopa de paloma.

Pepe es el seis. El sol da en la mesa.

La sal sale sosa y Lola es la siete.

El tapete en el suelo. La seta está sosa.

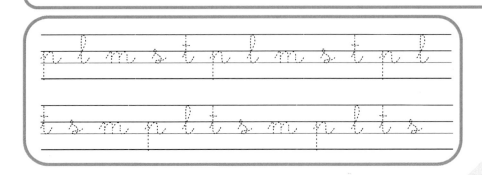

s s s s s s s s s s s s s s s s s s s s s s s

t t t t t t t t t t t t t t t t t t t t t t t t t t t t t

p t m s t p t m s t p t
t s m p t s m p t s

## Repasa y escribe debajo:

Nada en la nube. Nada en el nido.

La noche, el nene y la nube.

La nave y las notas del nene.

NADA EN LA NUBE. NADA EN EL NIDO.

LA NOCHE, EL NENE Y LA NUBE.

n n n n n n n n n n n

n l m n s n l m s n n

Repasa y escribe debajo:

LA NAVE Y LAS NOTAS DEL NENE

Rugen las nubes en días raros.

Rueda la rueda en la nieve.

Rema y rema el río con el roto remo.

No se nota la rueda rota.

La campana suena para el cumpleaños.

## ◼ Repasa y escribe debajo:

Para el cumpleaños del cisne.

La cometa tenía una campana.

La cereza se pendía en el cumpleaños.

El cisne no come cerezas.

El domador, el duende y el delfín.

Los dados en los dedos del duende.

■ Repasa y escribe debajo:

Don dinosaurio da datos al duende.

LA DUNA DEL DINOSAURIO Y EL DELFÍN

EL DADO ES DEL DUENDE.

EL DINOSAURIO Y EL DELFÍN.

La foca feliz está en el faro.

El filete está en el fuego.

■ Repasa y escribe debajo:

El faro de las bocas está en el mapa.

La boca se tiene el filete en el faro.

El fuego no está en el mapa de las bocas.

El bebé de los biberones tiene un balón.

El buzo no bebe biberones.

El bebé tiene un balón, bolas y biberones.

■ Repasa y escribe debajo:

El balón y las botas del baño son.

El bebé se toma su biberón.

Me gusta el gato del guerrero.

Ni el gato ni el gusano tienen goma.

Al gusano no le gustan los guisantes.

ł ł ł ł ł ł ł ł ł ł ł ł ł ł ł ł ł

b b b b b b b b b b b

g g g g g g g g g g g g g

■ Repasa y escribe debajo:

AL GATO NO LE GUSTA EL GUISO.

EL GUERRERO NO TIENE GATO.

EL GATO NO COME GUISANTES.

El hipopótamo no come huevos.

El hipopótamo no come huevos ahora.

El hombre corta las hojas con el hacha.

Repasa y copia debajo:

EL HIPOPÓTAMO DICE HOLA.

NO CORTES HOJAS CON EL HACHA.

EL HIPOPÓTAMO NO COME HUEVOS.

La jirafa no come hojas del jazmín.

La nena juega con sus juguetes y joyas.

A las jirafas les gusta oler el jazmín.

Repasa y copia debajo:

El nene busca la joya con la que juega.

El nene juega con las jirafas bajo el jazmín.

El pollito bebe agua de la lluvia.

Al pelar la cebolla llora como la lluvia.

El bebé llora porque no tiene su pollito.

La llave se ha mojado por la lluvia.

■ Repasa y copia debajo:

El pollito lleva una llave pero está llena.

La jirafa come las hojas del jazmín.

El que chuta se come ahora el chocolate.

El que chuta tiene un chubasquero.

La chocolatina se perdió en el chalé.

EL CHALÉ ERA DE LA CHICA CHINA.

■ Repasa y copia debajo:

EL CHICO SE COMIÓ EL CHOCOLATE.

CHUTÓ Y LA COLÓ EN EL CHALÉ.

■ Repasa y copia debajo:

El zorro escapó haciendo zigzag.

El zorro bebe zumo en el zepelín.

Al zorro le encanta el zumo de limón.

El zepelín hacía zigzag y se cava el zumo.

Quédate quieto y cómete el queso.

La máquina de la clase de química.

## ◪ Repasa y copia debajo:

El químico se quedó quieto al ver el queso.

EL QUESO LE GUSTA AL QUÍMICO

LA MÁQUINA NO SE ESTABA QUIETA

EL RATÓN INQUIETO COME QUESO.

Qué hermosas son las velas del velero.

Se apagó la vela que iluminaba el violín.

■ Repasa y copia debajo:

La música del violín suena como el viento.

El viento ha hecho caer el vaso sobre el violín.

La gaviota vuela y vuela por el viento.

El pollito bebe agua de la lluvia.

Al pelar la cebolla lloro como la lluvia.

El bebé llora porque no tiene su pollito.

22

## Repasa y copia debajo:

La llave se ha mojado por la lluvia.

El pollito lleva una llave pero está llena.

El que chuta se come ahora el chocolate.

El que chuta tiene un chubasquero.

La chocolatina se perdió en el chalé.

YA SE HAN SUBIDO AL YATE.

Repasa y copia debajo:

YA ESTÁN JUGANDO CON EL YOYO.

YA HA CRECIDO LA YEDRA DE YEMEN.

El Koala se agarró al Kayak para salvarse.

Comimos patatas con Ketchup y Kiwis.

El Koala no hace Kung fu en el Kayak.

AL KOALA NO LE GUSTA EL KETCHUP.

Repasa y copia debajo:

EL KOALA LLEVA KIWIS EN EL KAYAK

LOS KOALAS NO SABEN KUNG FU.

Estuvimos jugando a Waterpolo ayer.

En Washington jugamos a Waterpolo.

Si bebes Whiskey no juguéis a Waterpolo.

El Waterpolo gusta mucho en Washington.

■ Repasa y copia debajo:

Waterpolo y Whiskey es mala combinación.

La excavadora se dejó oír el atífono.

El mexicano excava con la excavadora.

La explosión no rompió la excavadora.

El taxi dejó a los excavadores en el loess.

La explosión interrumpió la excavación.

Made in the USA
Middletown, DE
13 August 2016